O tempo da promessa

Marina Garcés
O tempo da promessa
Título original
El tiempo de la promesa
Tradução
Silvia Massimini Felix
Preparação
Pedro Fonseca
Revisão
Andrea Stahel
Nathan Matos
Projeto gráfico
Catherine Barluet

Direção editorial
Pedro Fonseca
Direção de arte
Daniella Domingues
Coordenação
de comunicação
Amabile Barel
Redação
Andrea Stahel
Designer assistente
Gabriela Forjaz
Conselho editorial
Lucas Mendes

© Marina Garcés, 2023
This translation has been
published by arrangement
with Galaxia Gutenberg, S.L.,
Barcelona (Spain)

Primeira edição, 2025
© Editora Âyiné
Praça Carlos Chagas
Belo Horizonte
30170-140
ayine.com.br
info@ayine.com.br

Isbn 978-65-5998-170-0

O tempo da promessa

Marina Garcés

Sumário

11   Prólogo

1

15   Uma estranha mania
23   A promessa soberana
33   A promessa ilimitada

2

43   O tempo do acidente
53   A pergunta sobre os começos
62   Um futuro presente

70   Referências

Nenhum epitáfio para quem não cumpre as promessas.

Wajdi Mouawad

Prólogo

Você se lembra da última promessa importante que fez ou que lhe fizeram? Há algum tempo, fiz essa pergunta a um auditório lotado, com pessoas de idade mediana, nem muito jovens nem muito velhas. Eu achava que quase todo mundo levantaria a mão, já os tranquilizara dizendo que não perguntaria sobre o conteúdo. Fiquei surpresa ao descobrir que muito poucas mãos se levantaram. Tenho certeza de que cada uma dessas vidas escondia alguma promessa de juventude, de amor, de ideais compartilhados ou de desafios e compromissos, mas não se lembrava delas.

As promessas ocupam um lugar de pouca importância, hoje, na forma como nos relacionamos com os outros: no amor, nas profissões, na vida social e política. Fazemos muitos projetos e muito poucas promessas. E as que fazemos, ou escutamos que nos fazem, são pouco ou nada críveis. Talvez seja por-

Marina Garcés 11

que as promessas que não conseguimos fazer são projetadas nas coisas, nos símbolos e, às vezes, nos demais. As promessas que não fazemos estão nos objetos que consumimos, na tecnologia que utilizamos, nas marcas de roupas e nos cosméticos com os quais nos ocultamos, em determinadas formas de falar ou socializar, nas terapias e nos medicamentos, nos manuais que lemos para educar nossos filhos, para se preparar para uma entrevista de emprego ou para ter uma mente mais tranquila. Vivemos entre promessas que não fazemos, e, quando não são cumpridas, como não sabemos de onde vêm, não sabemos a quem reclamar. Ficamos sozinhos, com uma sensação de fracasso não correspondido.

Fazer promessas parece um gesto antigo. Um gesto romântico ou cavalheiresco que se perde nas lembranças da inocência juvenil. Fazer uma promessa verdadeira tornou-se hoje um ato desconfortável e inesperado. Prometer é uma ação que se faz com a palavra e que, do nada, faz nascerem um vínculo e um compromisso capazes de atravessar o tempo e reunir, em uma única declaração, passado, presente e futuro. Mas como podemos prometer alguma coisa se colocamos o futuro em perigo? Essa é a pergunta de senso comum, pois sem futuro não há promessas. Podemos perguntar de modo inverso: que futuro podemos ter se não ousarmos prometer nada a nós mesmos? As prisões do possível são o cenário reiterado da servidão e da rendição.

A palavra que promete tem tanta força que desde o início «os senhores» se apropriaram dela: Deus prometeu a salvação, o Estado constituiu o corpo político sob a promessa de proteção e o capitalismo mobilizou aspirações individuais a partir de uma promessa ilimitada de crescimento e acumulação. Nenhuma dessas três promessas foi cumprida, embora durante séculos tenham organizado o tempo comum e seu significado. Ainda o fazem, talvez sob uma sombra crescente de perigo e desespero.

A história de boa parte da humanidade é ter sido excluída do espaço da promessa: quem não dispõe livremente de sua vontade não pode prometer nada a ninguém. Os escravos não podem prometer. Hoje, sob um verniz de aparente liberdade, todos somos escravos de um tempo irreversível, de um destino incerto e ao mesmo tempo previsivelmente catastrófico que governa nossos desejos e nossas vontades. Prometer-nos algo pode ser, hoje, uma forma de rebelião que introduza nos cenários atuais a batalha pelo valor da palavra e suas consequências sobre a vida que temos e que podemos esperar.

Dar a palavra cria um vínculo irreversível que sobrevive à passagem do tempo e às promessas não cumpridas. Cria passados comuns e futuros vinculatórios. Estabelece compromissos e torna possíveis as traições. Disputar esse poder da palavra, a qual ordenou e organizou nossos mundos, é restaurar sua capacidade de ação e credibilidade em uma época de engano e banalidade deliberada. Perguntar hoje sobre a força da promessa é perguntar: quem pode criar o tempo comum e organizá-lo para nós? Quem decide o espaço da palavra confiável e quem está legitimado a participar dele?

Em setembro de 2022, tive a oportunidade de fazer uma experiência com adolescentes de minha cidade. Barcelona: no âmbito da Bienal do Pensamento. Junto com suas professoras de filosofia, trabalhamos diversas maneiras de falar sobre o futuro. Descrevê-lo era, para eles, pintar com cores escuras. Imaginá-lo gerava neles angústia e uma sensação de vazio. Eles se sentiam alienados do tempo em que lhes coube viver e ameaçados por sua evolução. Mas todos souberam fazer uma promessa. Todos souberam tomar a palavra e se apropriar do tempo que os encurrala. Mil jovens ouviram juntos os

Marina Garcés 13

áudios de algumas dessas promessas em uma praça no centro da cidade. As promessas falam do futuro, mas são feitas a partir do presente e nos tornam presentes. Falam do futuro, mas invocam um começo e uma memória compartilhada. Reúnem o tempo, mas não o fixam. As promessas abraçam a incerteza, pois sabemos que podem não acontecer, mas não se submetem a ela. Quem faz uma promessa sabe que nem tudo é possível, mas nem tudo está acabado. Fazer uma promessa é interromper o destino. É afirmar com convicção uma verdade que desafia o peso da realidade.

1

Uma estranha mania

Se o futuro nos machuca, é porque nos apegamos à vaga lembrança de uma promessa não cumprida. Muitos filósofos repetem que não sabemos conjecturar os tempos que virão, que é mais fácil imaginar o fim do mundo do que o fim do capitalismo. Mas nessa frase viciosamente repetida há uma armadilha. Sabemos sim imaginar o futuro. O fato é que não é nada parecido com o que nos foi prometido. Ou como prometemos a nós mesmos que nossas vidas poderiam ser. Dizemos que não esperamos nada, que vivemos em tempos incertos, que ninguém sabe o que vai acontecer, ou qual será o próximo acidente ou a catástrofe iminente. E ainda assim esperamos e ansiamos por algo. Mesmo o que sabemos que não chegará cresce em nossos silêncios como a promessa que não nos atrevemos a formular em voz alta. Somos filhos e filhas de uma promessa que não sabemos pronunciar.

«Não posso prometer nada», dizem as vozes impessoais que falam conosco nas instituições e nos serviços de atendimento ao cliente. É repetido pelo mercado de trabalho, pela pessoa por quem você se apaixonou, pelo proprietário que aluga um apartamento ou pelo médico que não sabe o que fazer com seu mal-estar. «Não posso prometer nada» poderia parecer uma expressão de humildade, mas na melhor das hipóteses é uma fórmula de falsa modéstia sob a qual se escondem o cinismo e a indiferença que caracterizam as relações sociais de nossa época. Ninguém pode prometer nada, e ainda assim pedimos e exigimos promessas. Das profundezas do desespero surge um «prometa-me que...», uma exigência que pode nos envolver no engano ou se converter na arma verbal de uma grande violência.

Prometer é a estranha mania que o Ocidente judaico-cristão pôs na boca de Deus. Demos a ele o poder dessa palavra, ou talvez ele a tenha roubado de nós, a ponto de qualquer palavra sua, ouvida com fé, poder ser recebida como uma promessa. Mas, se Deus pode fazer o que quiser, por que Ele teria de fazer promessas? O Deus bíblico não se limita a agir, salvar e condenar como lhe apraz, que é o que lhe corresponderia como um ser todo-poderoso que não tem de sofrer a distância entre o pensamento e a palavra, entre a palavra e a ação. Ele pode fazer o que quiser e, no entanto, promete coisas que nem sempre cumpre e nas quais os fiéis ainda acreditam. Se a promessa divina é eficaz, é porque estabelece o vínculo com seu povo e organiza o tempo comum do medo e da esperança, da condenação e da salvação. O horizonte da salvação organiza a ação coletiva e seu sentido, neste caso mediante a submissão e a obediência a uma ordem.

A palavra que promete atravessa a cultura ocidental de ponta a ponta, desde os primeiros textos bíblicos até as

16   O tempo da promessa

ideologias revolucionárias ou os romances e poemas de amor, dos laços mais íntimos à tecnologia mais inovadora. De que é feita sua força? Para fazer uma promessa, são necessários alguns elementos: um ou mais destinatários, uma ação prometida e uma localização no tempo. A quem se promete, o quê e para quando. Esses três elementos se tornam realidade na palavra. Prometer é dar a palavra por meio da declaração de um compromisso e de um vínculo. A promessa não é um discurso, é uma ação. Seja cumprida ou não, é verdade pelo simples fato de ter sido dita de verdade. A partir daí, abre-se um leque de possibilidades: a promessa será cumprida ou não, pode ser lembrada ou esquecida, mantida ou traída. Os obstáculos e as condições para sua realização são tantos quantos são os acontecimentos da vida. A força do compromisso e do vínculo que se entrelaçam na palavra dada abraça, ao mesmo tempo, a fragilidade dos assuntos humanos. Até o Deus da Bíblia vê como suas promessas são postas em dúvida pela volatilidade da memória e da confiança de seus fiéis.

Uma promessa dada pode mudar uma vida: pode salvá-la ou condená-la, e nem sempre escolhemos as promessas que fazemos ou recebemos. A liberdade e a obrigação são as duas faces inseparáveis de qualquer promessa: a que foi feita livremente obriga àquele que a faz a cumpri-la, e ao seu receptor, a ser seu guardião. Da mesma forma, porém, existem promessas que não escolhemos, que estão encarnadas em objetos, instituições ou símbolos que podemos herdar e que também podem ser o exercício de alguma forma de dominação. Quantos pais, amantes ou professores, por exemplo, usam a promessa como um imperativo que limita a liberdade do outro de maneira muito mais insidiosa do que qualquer outra forma de coerção? «Prometa-me que você comerá tudo» é muito diferente de simplesmente mandar «Coma tudo». «Prometa-me que

Marina Garcés   17

você vai me explicar tudo» não expressa um desejo de intimidade, mas impõe uma transparência. A exigência de uma promessa busca a declaração de um «eu prometo a você» como expressão de uma submissão. A capacidade da promessa de criar um vínculo é tão forte, então, que também se torna uma ferramenta para impor relações sociais ou pessoais, religiosas, políticas ou íntimas que talvez, em algum momento, tenhamos de chegar a romper. A promessa também provoca delírios nascidos da frustração, da melancolia ou da memória do que não veio a ser e pensávamos que seria. As promessas não cumpridas são fonte de grande parte da patologia de nosso tempo.

Em uma cidadezinha na Suíça, um policial faz uma promessa. Os pais, destroçados pela dor pela morte violenta de sua filha, quase uma criança, o fazem prometer que encontrará o culpado por esses eventos. Diante da dor insuportável daqueles pais, o policial faz uma promessa que o levará, irreversivelmente, à perda de seu cargo e à ruína. A mesma promessa fatal o vincula, para sempre, à intolerabilidade da dor e à exigência da verdade. Nem a dor nem a verdade são abstratas: são o corpo de uma menina morta e a resolução fracassada de seu assassinato. O ex-agente Matthäi será fiel a essa verdade até chegar ao delírio. Essa é a história que Friedrich Dürrenmatt conta no romance *A promessa*, e este pequeno ensaio é uma homenagem discreta à ficção implacável desse personagem e sua estranha mania.

Talvez toda promessa seja uma forma mais ou menos aguda de delírio, uma forma normalizada de expressão delirante. *De-lirar* provém de sair do sulco traçado pelo arado (lira), ou seja, do caminho traçado. Prometer algo é introduzir uma verdade que inventa um lugar próprio na trama do real: é uma expectativa compartilhada que é verdadeira mesmo que não tenha acontecido. É uma verdade que corre o risco de não se concretizar, mas que, ao ser declarada, torna-se um compromisso irreversível. Sustenta-se na convicção de quem promete e não necessita de mais nada. Um delírio, em princípio, é um julgamento ou percepção da realidade com conteúdos impossíveis. A promessa, por outro lado, é eficaz na medida em que orienta a ação para um futuro possível, que se converte no território de um compromisso. Mas, como mostra a história de Dürrenmatt, que narra a esperança de resolver um caso impossível até o absurdo, as fronteiras entre o possível e o impossível, como as da verdade, não são lógicas, mas negociadas ou disputadas em cada ocasião. A promessa é uma ação da palavra que põe em tensão a verdade e a realidade porque não reconhece os limites dessa realidade. Não aceita suas possibilidades, e sim cria novas possibilidades.

Promessas, promessas

«Todos podem ser ricos em promessas», escreveu Ovídio na *Arte de amar*, o livro didático sobre como «caçar» mulheres na Roma antiga. Com esse verso, ele alertava contra a leviandade da palavra que promete e sobre a facilidade de acumular promessas sem calcular o custo ou sacrifício que elas podem comportar. O amor é um terreno fértil para as promessas não cumpridas. Da mesma forma, hoje a expressão coloquial «promessas, promessas» faz dessa repetição cumulativa o sinal de que as promessas nada mais são do que palavras vazias, que ressoam e se amontoam sem consequência alguma. Os políticos fazem promessas, os amantes fazem promessas, a publicidade faz promessas, a ciência e a tecnologia fazem promessas, a medicina faz promessas... Não há limites para a produção inócua de promessas, e as promessas, sendo palavras vazias, permitem imaginar tudo e alcançar muitas coisas. «Uma deusa falaciosa, mas útil», como continua Ovídio, que nos permite ganhar tempo e graças a ela «nada se perde».

A promessa também é a arma de sedução de don Juan Tenorio em *O burlador de Sevilha*. Ele compra a honra das vítimas de suas trapaças com palavras que anunciam compromisso. Quando seduz Tisbea, a bela e livre pescadora de Tarragona, em sua cabana, ela deixa escapar: «Muito fogo prometeis, orai a Deus que não mintais!». Ela aceita a promessa do sedutor também aceitando e tornando explícita a possibilidade da mentira. O engano não é cegueira, mas um desejo de acreditar vivido a partir da desigualdade. Neste caso, a inferioridade de uma mulher do povo em relação a um homem nobre. Quem pode reivindicar a promessa não cumprida de um superior, daquele que tem mais poder e mais força?

A falsa promessa, mais do que um engano, é um exercício de poder. Onde o uso que se faz dela é mais evidente, de forma sistemática, é na esfera político-midiática. Seus programas e aparatos de propaganda utilizam as promessas como uma retórica que combina o engano, a sedução e a pedagogia da frustração. São proferidos para que, ao votar neles, saibamos e aceitemos que eles podem não cumpri-los. Ou que provavelmente não os cumprirão. A lição da política não é a impotência, mas algo pior: ao fazer falsas promessas, ela nos ensina que as palavras não valem nada.

Ocorre o mesmo com a mercadoria material e simbólica. Acumulamos objetos, imagens e símbolos no depósito das palavras vazias. Acumulamos a desesperança, o delírio e o ressentimento por aquilo que acreditamos e que não foi cumprido, pelo que compramos e não nos satisfez, pelo que sonhamos e ficou no passado. Lemos as profecias de George Orwell como indícios de um presente no qual passamos a acreditar que a incerteza é nossa única certeza e o apocalipse, o único futuro imaginável. No mundo rico, as utopias são exibidas nos museus e os futuros são jogados na bolsa de valores. No mundo pobre, ainda existem palavras-zumbi, como «Europa» ou «América», que condensam as promessas impossíveis de uma vida melhor. Por que ainda haveríamos de querer fazer alguma promessa? Talvez tenhamos primeiro de nos livrar de todas as promessas não cumpridas que, ainda hoje, ferem nosso sistema de expectativas pessoais e coletivas. Desmanchar aquele céu que, como a palavra de Deus, quis ser o sinal de uma nova terra. Talvez ainda haja muitas promessas escondidas entre os objetos que nossa ansiedade devora: promessas de felicidade, sucesso, prazer e vida eterna.

Contra essa economia inflacionária da promessa vazia, no entanto, surge algo perturbador: a palavra que promete tem uma irreversibilidade própria. Para além das intenções enganadoras de quem faz falsas promessas, a palavra dada é indelével, deixa uma marca no tempo e no corpo de quem está ligado e comprometido com ela. «Não me lembro», «jamais disse isso»: quem quer voltar atrás da promessa que fez está acostumado a invalidá-la, escudando-se no esquecimento ou deixando o outro sozinho em seu delírio. «Você está inventando.» A promessa só pode ser quebrada se for possível apagar o traço vivo da palavra dada e, assim, desfazer o vínculo que ela criou.

Diante das artimanhas de don Juan, podemos invocar a mão da prometida falecida da lenda de Gustavo Adolfo Bécquer, que não se deixa enterrar até que o prometido desaparecido volte e se case com ela. Essa mão morta que sai do esquecimento de baixo da terra evoca a serva negra que, na África do Sul narrada por Damon Galgut, recorda às gerações seguintes que a senhora da casa prometera, antes de morrer, deixar-lhe a casinha em que morava dentro da propriedade como herança. Sua insistência redefine as possibilidades do apartheid

Marina Garcés   21

sul-africano e resiste às tentativas de que sua afirmação seja vista como o delírio de uma velha louca. O delírio não é dela, é o de uma possibilidade que a sociedade dominante, na forma de uma família latifundiária neste caso, não contempla. Mas ela sabe que não lhe prometeram a lua, e sim uma casa que na verdade já era dela.

Nesse sentido, a promessa não é um discurso, mas uma ação, não é uma fantasia individual, mas uma expressão da imaginação política que reconfigura o vínculo e sua temporalidade. A promessa é um exercício da imaginação que reordena a realidade e suas possibilidades a partir de um compromisso e de um vínculo em um tempo compartilhado. Seu delírio não é arbitrário: olha para a realidade de um ponto de vista que a ultrapassa e a expande. Mas, ao contrário dos desejos, fantasias, propósitos e intenções, a promessa tem um limite: tem de poder ser percebida por todos os envolvidos como alcançável, mesmo que seja muito difícil ou improvável. O tempo da promessa não é um tempo fora do tempo. É uma potência de futuro que reorganiza e orienta o presente. Tem tanta força que dá medo, e é por isso que à sua volta se desenvolveram todos os tipos de estratégias para neutralizar seus efeitos: é monopolizada, relativizada, institucionalizada, burocratizada e hierarquizada. A promessa tem tanta força que os poderes supremos de nossa civilização a converteram em sua palavra: Deus, com sua promessa de salvação; o Estado, com sua promessa de proteção; e o capitalismo, com sua promessa de crescimento e acumulação ilimitados. Quem pode prometer, quando e por quê? Quem foi historicamente excluído do espaço da promessa? E como podemos nos reapropriar coletivamente desse espaço? Aprofundar essas questões nos faz descobrir uma geografia do poder da palavra e daqueles que podem disputá-lo.

A promessa soberana

A promessa se impõe, desde os tempos antigos, como a palavra dos «senhores»: dos senhores que pedem a mão e dão sua palavra, mas também dos senhores que oferecem de maneira seletiva seus favores àqueles que serão seus protegidos ou seus escolhidos. Maridos ou soberanos: em última análise, a promessa é a palavra de Deus. É a base do corpo político e de suas instituições políticas, religiosas e familiares.

A promessa soberana tem uma base teológica. O Deus do Antigo Testamento se dirige ao Seu povo fazendo promessas. Há promessas dirigidas a determinados indivíduos ou grupos: promessas de liderança, de descendência, de terra, de acompanhamento... Deus expressa Seu poder absoluto escolhendo os beneficiários de Sua graça de maneira absoluta e incondicional. No entanto, esse Deus arbitrário e caprichoso gradualmente se tornará um Deus exigente. A promessa deixará de ser um presente, um dom, uma graça, para se tornar a base da aliança entre Deus e Seu povo. É uma aliança entre partes desiguais e, portanto, a parte fraca tem de fazer por merecer para ganhar aquilo para o qual nunca é boa, paciente ou fiel o suficiente: a salvação. A promessa soberana perde arbitrariedade, mas ganha condicionalidade: quem é você para merecer minhas promessas? A aliança, como o compromisso nupcial, é um jogo de paciência. Você saberá esperar sem cair em tentação? A sombra da infidelidade nasce com a exigência da promessa. O infiel, como possibilidade sempre presente e ameaçadora, é o personagem principal, o fantasma permanente, tanto de ordem religiosa quanto matrimonial. Todas as infidelidades das criaturas instáveis e impacientes que são os humanos põem em perigo a promessa e fazem tremer a aliança. Trata-se, portanto, de um tempo comum organizado sob a condicionalidade do poder e sob a sombra da ameaça.

O Estado, como corpo político que assegura a existência de seus membros e de seus territórios, desde o Império Romano até os dias atuais, adota a mesma estrutura, embora, em vez de salvação, prometa proteção. O Estado, antes que Hobbes chegue a teorizá-lo e tome a forma concreta do Estado-nação, demarca a linha entre a paz e a guerra, entre a segurança e a falta de proteção. Ser cidadão é desfrutar dessa promessa em troca de jurar servidão. Sem a contraparte do súdito não há promessa soberana. Como a promessa da salvação divina, a promessa de proteção por parte do Estado se baseia em uma exigência de fidelidade e em uma ameaça. Neste caso, trata-se da fidelidade da obediência do súdito em relação à lei sob a ameaça de morte social (banimento, prisão ou mesmo pena capital em caso de deserção ou violação de segredos de Estado, por exemplo). Se o vínculo estabelecido pelo Deus bíblico é uma aliança, o que o Estado impõe é um pacto. Em nenhum dos casos se trata de uma aliança ou de um pacto entre iguais, mas entre o povo (ou a humanidade, na versão cristã) e o senhor ou o soberano.

O poder soberano estabelece, assim, quem pode fazer a promessa, quem pode recebê-la e quem está excluído dela. É o caso, por exemplo, dos escravos. Como David Graeber e David Wengrow explicam em *O despertar de tudo*, o que define a condição de escravo em relação ao servo ou ao peão é a exclusão de qualquer vínculo social. Isso implica que «não pode fazer promessas ou estabelecer conexões duradouras com outros seres humanos». É por isso que ele não é livre. A liberdade de fazer promessas é provavelmente o elemento mais básico e elementar de nossa liberdade, defendem esses autores, porque é a maneira pela qual podemos fazer amigos e nos comprometer com outras pessoas, ou seja, criar livremente nossos vínculos além do sangue e da propriedade. Do ponto de vista do poder político, econômico ou religioso, essa liberdade de nos comprometermos e fazer promessas, que é o elemento fundamental da condição humana, não pode ser deixada nas mãos de qualquer um, e menos ainda entre iguais.

Ter poder é delimitar o espaço da palavra confiável e de quem pode participar dela. A fidelidade à palavra é a base e a condição de qualquer pacto ou aliança. Muito antes das teorias sobre o contrato social, o pacto entre senhores, humanos ou divino, organizava os espaços políticos da paz e da guerra. Sem pacto possível, sem confiança na palavra dada, só há guerra total, ausência de qualquer norma possível. A relação entre o poder e a palavra é estabelecida por meio do juramento. A principal função do juramento é garantir a verdade e a eficácia da linguagem. É um rito, geralmente oral, que não enuncia nada por si só, mas prepara ou conclui um ato de palavra e acrescenta uma condição importante a ele: assegurar sua verdade e sua realização sob o testemunho de um ser superior (Deus, a pátria, a vida da mãe ou dos filhos etc.). Giorgio Agamben explica, em seu livro *O sacramento da linguagem: Arqueologia do juramento*, que o juramento não é apenas um efeito institucional, mas tem a ver com a natureza do ser humano como orador: mediante o juramento, ele toma consciência do abismo que há entre sua palavra e sua verdade, bem como entre sua palavra e a dos demais. Em vez de expressar submissão a qualquer autoridade, o juramento indica a fragilidade do nexo entre as palavras e as coisas e em relação aos diferentes falantes entre si. A palavra, quando se torna consciente de si mesma, sabe que está sobre um abismo. Não só pode ser dita como uma mentira, como também, ainda com mais facilidade, corre o risco de não significar nada, nem sobre o mundo nem em relação a ninguém.

O perigo da blasfêmia relaciona a vacuidade com a vanidade (dizer em vão). A autenticidade da palavra («eu te digo de verdade») não é dada e precisa ser reafirmada, sancionada, certificada por todos os tipos de estratégias simbólicas, rituais e institucionais. Pode até pôr a vida em risco: «Eu te juro pela minha vida». Por isso mesmo, o perjúrio foi castigado com a morte social ou, diretamente, com a pena de morte. Dentro do espaço da soberania e de sua ordem, seja religiosa ou política, ou ambas, a verdade da palavra sustenta a vida e a morte do corpo social.

A promessa faz parte do jogo de linguagem do juramento, mas vai além disso. Se o juramento garante a ordem e a relação entre as palavras e as coisas, a promessa intervém nessa ordem anunciando uma ação ou uma relação de futuro sob a forma de um compromisso com o outro. No caso da promessa soberana, esse compromisso se dá a partir de uma relação de subordinação que, como vimos, organiza tanto a ordem religiosa e política quanto seu horizonte de expectativas. A promessa não é uma modalidade menor do juramento, como parece ser quando as autoridades políticas seculares prometem em vez de jurar, mas acrescenta, à certificação da confiabilidade da palavra, uma orientação e condições para seus súditos e seus fiéis.

O fato de a promessa instituir uma nova ordem não implica que essa ordem se torne legítima imediatamente. Há um curioso caso histórico que deu origem a expressões humorísticas na língua popular espanhola. Foi o discurso «Posso prometer e prometo» do primeiro-ministro espanhol Adolfo Suárez em 13 de junho de 1977, dois dias antes das primeiras eleições democráticas depois da morte de Franco. Suárez era uma peça estrutural da ditadura. Membro da Secretaria-Geral do Movimento, foi escolhido pelo rei Juan Carlos – nomeado chefe de

Estado por Franco – para organizar o governo que convocaria eleições. A legitimidade para garantir uma transição a uma democracia real era bastante escassa, para não dizer inverossímil, mas esse discurso mudou as coisas a tal ponto que Suárez, de forma inesperada, venceu as eleições. É um discurso curto, de cerca de dez minutos, durante o qual ele repete sete vezes a expressão «Posso prometer e prometo». A repetição do verbo provoca uma ênfase mobilizadora: a importância recai não tanto sobre as promessas e seu conteúdo, mas sobre o fato (autodeclarado) de poder fazê-las. Não apenas promete, mas certifica a credibilidade de seu ato discursivo e político a partir do poder que se outorga. Promessas tão pouco seguras como criar uma constituição com a participação de todos, chegar a um entendimento com todos os agentes sociais, realizar uma reforma fiscal que não beneficie os mais ricos, chegar a um acordo para um novo marco territorial, estabelecer mecanismos de transparência e construir um país para todos; por meio do «posso prometer e prometo», se apresentam como propostas viáveis diante das soluções mágicas do resto das forças políticas. Erigir uma nova legitimidade é um combate entre promessas, não apenas entre programas políticos, mas também entre seus níveis de credibilidade. O soberano não é necessariamente aquele que pode fazer mais em termos de força, mas aquele que torna sua capacidade de promessa mais crível e mais desejável.

Paródia e suspeita da promessa

Uma obra de 1605 revela o caráter performativo da promessa, especialmente da promessa soberana: *Dom Quixote de la Mancha*. As obras-primas da filosofia política moderna e do fundamento da soberania do Estado no pacto e na promessa ainda não apareceram. O *Leviatã* de Hobbes é de 1651. O Estado moderno mal está nascendo quando um cavaleiro percorre as terras áridas do sul da Europa, movido pela «promessa daquela aventura sem fim» que consiste em «desfazer agravos» para a glória de sua amada Dulcineia. A promessa paródica de dom Quixote desencadeia uma rede infinita de outras promessas que tecem o enredo da aventura: de dom Quixote a Sancho, de dom Quixote a Dulcineia e de tantos outros personagens entre si.

Toda essa rede de promessas se baseia em uma promessa fundamental, que ninguém em particular pronunciou, mas que se desprende de um imaginário fantástico: os livros de cavalaria, que contêm e transmitem a promessa de que é possível interpretar a realidade cotidiana para além da tristeza, da vulgaridade, do cinismo e da malícia. A promessa fundamental que mobiliza todas as promessas que unem os personagens de *Dom Quixote* é que uma vida diferente daquela que nos é claramente mostrada é possível. Mas, para se tornar digno dessa promessa, para poder encarná-la e vivê-la, o pobre Alonso Quijano tem de se transfigurar. A promessa que os livros de cavalaria lhe oferecem não é para todos. Apenas a um cavaleiro é lícito fazer promessas e cumpri-las. A nobreza é a condição que subtrai a palavra do barulho dos mexericos em uma sociedade que ainda mantém grande parte de sua população fora do espaço da credibilidade. O povo fala, enquanto os nobres dão sua palavra e organizam o espaço político pré-estatal com base em seus pactos e suas traições. É assim que um cavaleiro nascido da fantasia literária convence um pobre camponês de que, se o seguir em seus atos, um dia se tornará governador da ilha de Baratária e muitas outras coisas. Graças aos seus gestos e à retórica de cavaleiro, ele torna sua promessa crível e desejável, e consegue fazer com que Sancho Pança se converta em seu escudeiro.

Dom Quixote é o louco que nos diz a verdade, e uma verdade importante e fundamental é precisamente que qualquer promessa é um delírio compartilhado. Cervantes, em vez de construir uma teoria, faz uma paródia dela, e nos aproxima de um personagem delirante para nos fazer conhecer nossos delírios. Um personagem que faz promessas inverossímeis, mas, na medida em que as vive e acredita nelas, elas têm uma aparência de realidade, independentemente de serem cumpridas ou não. A loucura de dom Quixote é nossa loucura quando acreditamos que a realidade contém uma promessa de melhoria à qual temos de responder com nossas próprias promessas. Como o filósofo Remo Bodei escreve em *As lógicas do delírio: Razão, afeto, loucura*, o delírio é uma enfermidade da crença que leva a convicção além da verdade e a realidade além do óbvio. Longe de ser ilógico, trata-se de uma lógica de excesso que busca estabelecer conexões entre as diferentes pedras de um edifício em ruínas.

No delírio, como na promessa, a verdade e a convicção se separam. Em *Dom Quixote*, essa separação assume tons de paródia. No romance *A promessa* de Dürrenmatt, os tons são os da tragédia mais sombria. O policial que prometeu aos pais descobrir a verdade sobre o assassinato da menina encontrada na floresta permanece fiel à sua palavra a ponto de perder o emprego e ser considerado clinicamente louco não apenas pela sociedade que o observa, mas pelas instituições que o monitoram até que ele seja considerado irrecuperável. Ele perde a cabeça e perde a vida, mas em nenhum momento perde a convicção que orienta suas ações delirantes. Como o cavaleiro de La Mancha, ele acredita que a reparação do dano é possível enquanto constrói uma leitura da realidade a partir de pistas que lhe permitem interpretar o mapa que o aproxima do assassino. É uma leitura contra todas as evidências, mas não está errada. Simplesmente não segue o que Bodei chama de ortodoxia da realidade. No terreno do delírio, como no da promessa, talvez a única coisa que separa a loucura da sanidade seja saber parar. Nem dom Quixote nem o ex-policial suíço Matthäi se detêm onde as instituições de seu tempo estabelecem limites à verossimilhança e sustentam promessas que não serão capazes de cumprir. No entanto, não são falsas, pelo contrário, elas mostram as falsidades da verossimilhança e de suas ordens instituídas.

A promessa desenha um arco que vai da soberania à loucura. Aquele que promete pode ser um deus, um rei ou um pirado. Essa ambivalência que percorre todo o espectro das possibilidades da razão desperta o olhar desconfiado de um filósofo que, como Nietzsche, põe como motivo de seu questionamento crítico a necessidade de saber o que está por trás do que afirmamos valorizar mais. Se a promessa é a palavra dos senhores, seja de seu poder ou de sua paródia ruinosa, o que há nela que a torna tão importante? Na primeira seção do segundo tratado de *A genealogia da moral*, o filósofo alemão apresenta uma reflexão sobre a promessa que marcou todas as abordagens filosóficas subsequentes a esse tema. Em sua qualidade de detetive de conceitos, Nietzsche vai atrás da pista da procedência da responsabilidade. De onde vem a ideia de que o ser humano pode ou deveria ser capaz de responder por suas ações e intenções? Fazer uma promessa e cumpri-la implica continuar a querer o que uma vez se quis. Relaciona pelo menos três elementos: uma vontade que percebe a si mesma como livre, uma memória dessa vontade como própria e um futuro que se considera disponível. Como mostra Nietzsche, todos esses elementos dependem de uma operação muito sofisticada de construção dessa memória da vontade e de uma segurança muito grande do domínio que está associado a ela.

Quem tem permissão para fazer promessas?, pergunta Nietzsche. Apenas o indivíduo soberano, como ele o chama nessas páginas. Ou seja, o homem com vontade própria e consciência do poder e da liberdade. As primeiras linhas desse segundo tratado foram citadas inúmeras vezes: «Criar um animal ao qual seja lícito fazer promessas, não é precisamente essa tarefa paradoxal que a natureza se propôs em relação ao homem? Não é esse o autêntico problema do homem?». Se é um problema, é porque nenhum indivíduo da espécie humana nasce, por si mesmo, nem com essa consciência nem com esse domínio. Eles são o efeito de uma construção complexa e dolorosa. Antes de Freud escrever *O mal-estar na cultura*, Nietzsche descreveu com precisão a operação cultural envolvida na criação de uma memória que excede a utilidade da memória individual e concreta de outros animais. «Como fazer uma memória do homem-animal?» Todo o aparato da cultura é o instrumento de uma «mnemotecnia dolorosa» que fixa e grava a sangue e a fogo sobre os corpos aquilo que deve ser inesquecível ou indelével para ser alguém entre os demais. Essa fixação é, paradoxalmente, a condição da liberdade como domínio de si mesmo. A possibilidade de fazer promessas e de nos reconhecermos nelas (como indivíduo ou como comunidade) é a expressão mais alta desse domínio.

O outro lado do domínio, seu reverso ou seu temor, contém dois fantasmas tão insidiosos quanto eficazes: a dívida e a culpa. Em alemão, essas duas palavras estão relacionadas, como aponta Nietzsche, e como a ação do governo alemão durante a crise de 2008 e anos subsequentes lembrou a todos os países europeus: suas dívidas são culpa sua (ou o contrário), e a razão pela qual você merece um castigo. Não se tratava apenas de dívidas econômicas: o que estava também em jogo era a promessa de uma Europa do bem-estar, de uma Europa do capital que apresentasse os índices de crescimento como a condição para continuar a ser um modelo e uma referência em termos de direitos e liberdades políticas. Quem construiu essa promessa, sua memória distorcida e seu futuro disponíveis apenas para alguns? Quem teve de administrar a economia dessa promessa e as dívidas e falhas correspondentes? Nietzsche responderia: quem tem o poder de punir.

A promessa soberana se fundamenta, em última análise, no poder de punir aqueles que estão em dívida com ela, seja o povo infiel, o súdito desertor ou o indivíduo endividado. A eficácia do delírio também depende da eficácia da ameaça que ele comporta. Este é o grande corte da soberania, seja ela qual for: todos podem fazer mal, mas apenas os senhores (da lei, da moral, dos bancos ou da casa) podem castigar. É por isso que o cavaleiro dom Quixote combate, mas não castiga; não zomba, mas é ridicularizado; e não pode reivindicar nenhuma dívida, apenas ver como sua pobreza cresce. Como suas promessas não são soberanas, e sim a paródia das aspirações de qualquer forma de soberania, é sempre ele quem recebe o último golpe.

A promessa ilimitada

O capitalismo atualiza e dissemina a lógica e a economia da promessa em todas as áreas da sociedade. Não apenas se baseia em uma promessa que organiza o sentido e o tempo comuns, mas ele mesmo, como sistema, expressa e articula uma promessa: a de acumulação ou crescimento ilimitado. O capitalismo faz do objeto mais inútil uma promessa de vida melhor. Esta é sua graça: tudo o que toca adquire a força mágica de uma promessa intangível em que podem ser projetadas as aspirações mais diversas e até opostas. O capitalismo é o sistema de vida em que a promessa é que tudo pode chegar a ser uma promessa.

O delírio do ludopata é que, embora perca uma vez atrás da outra, um dia ganhará muito dinheiro. O delírio de todos nós que vivemos sob o capitalismo é que, mesmo que as coisas corram mal para nós, em algum momento elas podem começar a correr bem. Que, embora vejamos muitas injustiças, o próprio sistema tem ferramentas para resolvê-las. Que, mesmo que estejamos esgotando e saqueando o planeta, as mesmas empresas que o fazem serão capazes de resolvê-lo. Que, mesmo que nos afoguemos no sofrimento, a felicidade é possível e está ao alcance da mão ou da próxima pílula. O próprio capitalismo é a promessa, sempre renovada, mesmo que seja sistematicamente não cumprida.

Este é o delírio do ilimitado: que, embora não esteja plenamente realizado, sempre pode chegar a estar ou a ser executado melhor. Se sob o capitalismo nunca há riqueza suficiente, ou bem-estar suficiente, ou produção suficiente para alcançar, ou justiça ou liberdade suficientes, é porque sempre pode haver mais. Portanto, há constantemente algo pelo que esperar, pelo que continuar trabalhando, pelo que continuar funcionando.

Quem faz e quem cumpre essa promessa? Esta é a magia: ninguém e todo mundo. Sob o capitalismo, a promessa é a lógica e o sentido que permeia tudo. É o próprio sistema e seu funcionamento. A promessa, assim, deixa de ser a palavra que se dá e passa a funcionar como uma estrutura interpretativa da realidade e de nós mesmos. Sem que ninguém prometa nada nem realize o ato de dar sua palavra a ninguém, interpretamos todos os aspectos da realidade e dos demais à luz da promessa que ela oferece. Qualquer empresa, decisão, objeto, pessoa ou relação tem valor na medida em que é promissora. Seu valor é ser um investimento, potencial, rentabilidade... A condição da promessa passa a estar nas próprias coisas e em nossas trajetórias e biografias como sujeitos desse mesmo valor.

Se ninguém pronunciou a promessa, se não há nenhuma palavra dada, quais são o vínculo e o compromisso associados a ela? Precisamente, o capitalismo é um sistema que demanda muita adesão, até entusiasmo, mas pouco vínculo e ainda menos comprometimento. O tempo comum da promessa ilimitada do capitalismo é também o tempo ilimitado para a circulação, a flexibilidade e a transformação contínua tanto das mentes como da matéria. Luc Boltanski e Ève Chiapello se perguntavam, no já clássico livro *O novo espírito do capitalismo*: o que provoca tanta adesão a um sistema que não gera vínculo, que desfaz tudo e o põe em movimento? O compromisso pela força, argumentam, seria efetivo em alguns casos de ameaça muito direta de miséria tangível (demissões em massa, deslocalização de empresas, despejos...), mas não explica o funcionamento de todo um sistema que precisa de tanto envolvimento. É por isso que se propõem a analisar, seguindo a terminologia weberiana, o espírito do capitalismo, que iria além de um pano de fundo religioso. O espírito do capitalismo seria o conjunto de

34   O tempo da promessa

crenças associadas à ordem capitalista que contribuem para justificá-la e mantê-la. São justificativas que não se baseiam na satisfação imediata ou no cálculo de uma troca, mas permitem aceitar e suportar condições de vida muitas vezes dolorosas no âmbito de uma ideologia e pela adesão a um estilo de vida. Boltanski e Chiapello resumem essas justificativas sob três horizontes: o crescimento da riqueza como um bem comum, a eficácia na oferta de serviços e soluções e as crescentes liberdades políticas proporcionadas pelas sociedades capitalistas, apesar da escassez e das desigualdades.

Seguindo essa análise, poderíamos dizer que crescimento, eficácia e liberdade são as três dimensões da promessa ilimitada do capitalismo. São três valores vazios e relativos: só podemos percebê-los se os relacionamos com sistemas menos eficientes, menos livres e que produzam menos riqueza. É por isso que, mesmo após o fim do mundo bipolar, os países capitalistas, apesar de globalizados em muitos de seus aspectos fundamentais, precisaram alimentar a fantasia de alteridades políticas menos ricas, livres e efetivas, ou de cenários catastróficos que poriam em risco a promessa ilimitada. Se a promessa de salvação divina contém a ameaça de condenação, e a proteção do Estado, a ameaça de guerra, a promessa ilimitada do capitalismo contém a ameaça de seu próprio limite. A catástrofe é colidir com os limites de si mesma: isto é, não poder continuar prometendo nada.

Esbarramos nos limites do planeta, repetimos cada vez mais, como se fosse uma obviedade. O Clube de Roma já tinha anunciado isso em 1973, e nós o experimentamos todos os dias de várias maneiras, não apenas nos aspectos mais evidentes (recursos, energia, água, minerais e matérias-primas), mas também nas diferentes crises sobrepostas por meio das quais se manifestam os limites do sistema econômico, dos sistemas sociais, da representação política e da saúde física e mental. O tempo da promessa ilimitada se converte, assim, no tempo da ameaça contínua.

Quando o planeta e nosso modo de viver nele se esgotam materialmente, novos imaginários do ilimitado aparecem. São de vários tipos, mas podem ser resumidos, basicamente, em três: emocional, cognitivo e tecnocientífico. O primeiro substitui a promessa fracassada da felicidade, que se revelou um horizonte inatingível, por uma gestão constante e indefinida das emoções. Em uma sociedade caracterizada pela ameaça de fracasso, o manejo emocional desse fracasso é a única margem de ação e resistência. O segundo substitui a promessa fracassada de plena autonomia como efeito emancipatório da educação e do acesso ao conhecimento, pela atividade constante de uma aprendizagem tanto humana como artificial. Não promete autonomia, mas, no máximo, autorregulação, e não é orientada para a emancipação do sujeito, e sim para a ampliação indefinida de suas capacidades. Finalmente, o terceiro imaginário do ilimitado é hoje o da inovação tecnocientífica. Não promete «a solução», mas uma atividade constante de criação de soluções eficazes e imediatas para problemas sempre novos e concretos.

Recentemente, a promessa ilimitada encontrou um novo protagonista capaz de encarnar todas as promessas: a inteligência artificial (IA). Invocamos seu nome com temor e veneração, sem saber muito bem do que estamos falando e sem decidir se será o que salvará a humanidade de si mesma, como esse Deus que morreu ou nos abandonou, ou como o monstro que finalmente nos derrotará, mentalmente mediante algoritmos e fisicamente com o colapso ambiental e energético para o qual está contribuindo de forma exponencial. A especialista Helga Nowotny explica que o que nos faz confiar na IA e apostar nela como se estivéssemos brincando com o futuro como espécie e como civilização é sua capacidade de prognóstico. Como ela aponta em *In AI We Trust: Power, Illusion and Control of Predictive Algorithms* [Fé na inteligência artificial: Poder, ilusão e controle de algoritmos preditivos], trata-se de uma capacidade paradoxal, pois aproxima o futuro do presente a ponto de fazê-los coincidir. Os algoritmos preditivos não analisam relações de causalidade, mas padrões probabilísticos a partir da leitura de uma quantidade impensável de dados do passado. Atualizam, então, um passado que não questionam e o convertem na descrição de um futuro que, vindo da legitimidade que damos à ciência, facilmente se torna o único possível. Portanto, o algoritmo é dotado daquele poder performativo que chamamos de «profecia autocumprida». Derivando um futuro a partir de um passado, nossos comportamentos e decisões no presente são inquestionavelmente condicionados. A IA não promete, mas projetamos nela a promessa de uma relação segura com a incerteza do que ainda não aconteceu, do que como não foi ainda poderia ser de outra forma. O paradoxo é que essa promessa não é feita pela máquina. O que a máquina faz é prever sem prometer. É um deus sem voz, um poder vazio, sem vínculo e sem compromisso. Uma inteligência delegada que se torna depositária do tempo comum de uma consciência que naufraga.

Naufrágio

Uma consciência que naufraga só se sustenta pela promessa de poder voltar. Voltar à terra é voltar às memórias, aos rostos familiares; é também uma volta aos caminhos do inconsciente. Poderia ser uma metáfora para a situação da humanidade em relação ao planeta. Sem termos partido, nós o abandonamos e não sabemos como voltar a ele. Somos uma consciência que naufraga entre imaginários catastróficos e desejos perigosos de salvação.

A escritora argentina Silvina Ocampo morreu escrevendo e reescrevendo as notas de um naufrágio. Por mais de vinte anos, até que sua voz desapareceu, ela esteve bordando os nomes e as ficções de *A promessa*, o «dicionário de memórias» de uma mulher que caiu no mar do convés de um navio. Nada bem, é jovem e, a princípio, não tem medo. Encara a situação inesperada como um desafio («Para não adormecer, impus uma ordem aos meus pensamentos») e faz uma promessa: promete a Santa Rita que, se for salva, escreverá um livro com todas as lembranças que a mantiveram ativa e atenta durante seu naufrágio. «Eu, que sempre considerei inútil escrever um livro, estou empenhada em fazê-lo hoje para cumprir uma promessa sagrada para mim.» O mar, visto de fora, é uma grande massa azul, ou cinza, ou verde ou preta. Mas, uma vez que a mulher se torna parte dele, aparecem todos os tipos de seres que a cercam e nadam com ela, curiosos ou indiferentes. A passagem de uma tartaruga marinha com uma mancha lhe recorda o alfaiate e a quitandeira de seu bairro, ambos tinham uma pinta na bochecha. Dessa imagem casual nasce uma série de presenças que vão desfilando pelos caminhos aleatórios de uma vida que, nesse momento, está se afogando. Essa vida é o conjunto aberto de nomes que, de uma forma ou de outra, cruzaram com ela. Apenas pessoas, sem relações ou situações. Entre todas elas, surge uma obsessão: Leandro, o garoto por quem todos se apaixonam, mas que não consegue ser feliz com ninguém porque sempre espera algo mais, até encontrar no chão um caderno que voou de uma janela de sua rua. «Estou cansado das pessoas que conheço. Essas folhas foram a promessa de algo novo.» Para ambos, a promessa é o antídoto contra o afogamento, o do mar demasiado solitário ou o do mundo demasiado conhecido. A promessa da narradora tece a voz de sua consciência para prender um mundo conhecido na imensidão das águas. Leandro recebe a promessa de uma voz desconhecida que lhe permite imaginar que há vida além dos rostos, das ruas e dos apartamentos onde seus sonhos também naufragaram.

Em meio a situações que se encerram, a promessa abre um intervalo. Pode ser preenchido ou não: a promessa pode permanecer vazia, apenas anunciada ou previsivelmente fracassada. Ocampo não nos diz se sua narradora chega à terra, embora nos deixe imaginar, pois o livro existe. Tampouco nos diz o que havia nas páginas que chegam às mãos de Leandro como o alento de um universo que respira. A promessa abre um intervalo para se sustentar: esse é seu paradoxo. Desafia o tempo do irreversível (vou me afogar), mas também o da arbitrariedade (não sei como me orientar). O filósofo Paul Ricoeur diz que a promessa é um ato de linguagem que interrompe o «tudo é possível». É uma modalidade de permanência no tempo diferente da do caráter, que permanece idêntica, e da do projeto, que se define pelo sentimento de poder e pela capacidade de ação. Quem eu sou ou como sou e o que tenho a capacidade de fazer: essa é a cruz do eu. A cruz onde se devem encontrar talentos e projetos, identidade e capacidade. Mas as vidas, não os «eus», estão mais próximas da voz de Leandro ou da voz de Ocampo, que se afoga. Vamos nadando e só temos algum intervalo para tirar meia cabeça para fora da água. Assim é a vida de cada um, mas também a situação geral da humanidade. Não há projeto, mesmo que simulemos um após o outro. E não sabemos quem somos ou como somos, mesmo que nos aferremos a um catálogo cada vez mais detalhado de atributos e identidades.

Ricoeur insiste na diferença radical entre a linguagem do

projeto e a linguagem da promessa. A promessa acolhe a fragilidade do assunto e a ignorância sobre o que nos escapa. É a pinta no casco de uma tartaruga marinha. Inventa a partir do que não conhece, e nunca está inteiramente em nossas mãos chegar a realizá-la. Diante da liberdade que esse intervalo vacilante abre, a promessa soberana e a promessa ilimitada são figuras que conjuram, justamente, toda fragilidade e toda ignorância. Elas prometem nos salvar do naufrágio (a salvação, a proteção, o sucesso) para nos impedir de nadar. Nas mãos de Deus, do soberano ou do capitalismo, tudo é possível se nos confiamos à sua promessa. Quando o mundo desaparece, tudo é possível: é o que descrevia para Hannah Arendt a possibilidade do totalitarismo ou de qualquer forma de poder autoritário. A perda do vínculo ocorre quando desaparecem os «entres», ou seja, os intervalos, e tudo se torna deserto ou mar aberto, sem cadernos ou recordações.

A mente humana vive fraturas. A consciência pode se romper, além de naufragar. Para Ricoeur, o «eu» da promessa não é aquele que diz «eu sou assim», mas aquele que pode dizer «aqui você me tem». A voz narradora de Ocampo tem a si mesma, mesmo que seja entre braçada e braçada. Pro-meter é se pôr em frente. Mas há momentos em que este aqui e este em frente não conseguem sustentar nem mesmo a fragilidade de um intervalo. Eles se tornam fogo, ruína ou trincheira. É o tempo do acidente.

O acidente radicaliza o naufrágio, já que introduz uma descontinuidade, um corte, um antes e um depois que separa temporalidades e dissocia identidades: um acidente, mesmo que banal, é um evento que interrompe a cadeia dos acontecimentos, uma irrupção ou uma bifurcação que nos dissocia de quem éramos ou do que pensávamos ser. Deixamos cair um prato no chão, colidimos com outro carro, um reator nu-

40   O tempo da promessa

clear falha ou ocorre um derrame...: chamamos tudo de «acidentes». Neles se cruzam ações e decisões, que no entanto não atribuímos diretamente aos eventos ocorridos ou a alguma intenção. De quem é, então, o que aconteceu? De quem o sofre ou de quem se beneficia? «Não fui eu», diz a criança cujo prato escorregou. «Não fomos nós», dizem aqueles que colocaram materiais altamente radioativos à mercê de mares inclementes ou instalações envelhecidas. Como analisa a filósofa Catherine Malabou em *Ontologia do acidente*, «é preciso verificar e reconhecer que um dia todos nós podemos nos tornar outra pessoa». Em um sentido radical, Malabou se refere à experiência das lesões cerebrais, das doenças degenerativas ou dos processos de envelhecimento, que não apenas introduzem mudanças progressivas na vida de uma pessoa, mas alteram sua identidade mais fundamental: não ser mais você mesmo e, em muitos casos, não ser capaz de estar ciente dessa mudança. Ela chama isso de «plasticidade destrutiva» e mostra como o tempo nem sempre funciona em nós como um escultor paciente, mas muitas vezes é um detonador inesperado. Além desses fenômenos físicos específicos, quantas vezes e em que circunstâncias pudemos experimentar alterações semelhantes? Não ser o mesmo, deixar de se reconhecer e se orientar a partir do que tínhamos sido é uma catástrofe ou uma libertação?

O tempo do acidente parece antagônico em relação ao tempo da promessa. Se a promessa é a palavra que liga passado, presente e futuro a partir do compromisso e do vínculo, o acidente os separa. Se a promessa é o delírio compartilhado que torna alguns possíveis pensáveis, o acidente é o impensável que os devasta. O acidente também responde à lógica arbitrária do «tudo é possível». «A plasticidade destrutiva desdobra seu trabalho a partir do esgotamento das possibilidades quando toda a virtualidade já se foi há muito tempo, quando a

Marina Garcés   41

criança foi apagada no adulto, quando a coesão foi destruída e o espírito familiar desapareceu, quando a amizade foi perdida e os vínculos se desvaneceram, na frieza cada vez mais intensa da vida desértica.»

O tempo do acidente parece antagônico em relação ao tempo da promessa, até que voltamos ao nosso ex-agente suíço e entendemos que o acidente que dividiu sua vida em dois foi, justamente, a inesperada promessa que ele fez aos pais da menina assassinada. Dürrenmatt descreve em detalhes como os hábitos de seu protagonista mudam, incluindo sua aparência e a maneira de falar. Não só perde seu cargo e os projetos que norteavam sua carreira, mas todo o seu ser se torna outro para os demais e para si próprio. A promessa, no seu caso, não é o argumento de um futuro disponível e postergável, mas a palavra de um presente irreversível que muda tudo para sempre, a começar por si mesmo. Diante do tempo capturado da promessa soberana e ilimitada, que aprisiona o futuro entre a espera e a ameaça, a promessa inesperada é o acidente que interrompe e desorganiza o mapa dos possíveis. Onde não há saída, a promessa é a porta para um novo começo. Onde há esquecimento, é a chave esquecida de um passado comum.

2

O tempo do acidente

Vivemos no tempo do acidente. A afirmação é paradoxal, porque um acidente é acima de tudo um acontecimento que interrompe de maneira inesperada o curso regular das coisas. Portanto, não define o tempo, mas sua interrupção. Um acidente abre um antes e um depois, comporta uma descontinuidade que nos obriga a reformular o sentido de um dia, de uma vida ou mesmo de uma época. Mesmo assim, poderíamos dizer que o sentido de nossa crise histórica é que, atualmente, o acidente não interrompe, mas organiza o sentido da temporalidade: o presente se sustenta entre um inquietante «ainda não» e um aterrorizante «agora sim», entre o acidente que esperamos e o acidente que, apesar de ser esperado, nos surpreende. A pandemia de covid foi um caso paradigmático dessa acidentalidade previsível. O acidente não separa o antes e o depois dentro de uma linearidade histórica, mas se move em uma polaridade que tensiona a incerteza entre o que é sustentável e o que não é, o que é reparável e o que é irreversível. No tempo do acidente, o imprevisto se tornou previsível sob a angústia de não saber como ou quando acontecerá. Embora permaneça imprevisível, tornou-se irreversível. Então, a única pergunta que norteia a ação é: como evitar o acidente? Como evitar suas consequências?

Os termos com os quais hoje nos referimos ao tempo do acidente são, acima de tudo, três: crise, colapso e catástrofe. Todos os três são usados de forma paradoxal: a crise passou a definir a normalidade, o colapso é inerente à lógica do sistema em que vivemos e a catástrofe se torna o sentido do futuro, que já não está situado em um horizonte distante e extraordinário, mas em um presente cotidiano. A indefinição do amanhã não é um indício de abertura, e mesmo assim é vivida como uma ameaça iminente. A gestão dessa ameaça é o que orienta o pensamento e a ação dentro do que analisei como a «condição póstuma» em *Novo esclarecimento radical* (2017). A condição póstuma é o tempo de prorrogação que se situa no depois da aceitação de um fim que não sabe se relacionar com um novo começo. É o tempo que só pode ser ocupado com a gestão dos efeitos e resíduos de um modo de vida que, embora ainda não tenha morrido, já foi declarado inviável. É por isso que dizemos que nosso passado não tem futuro: não é que não tenha tempo pela frente, mas que nenhum outro sentido de tempo emana de seu presente além do das sombras projetadas por seu passado.

O tempo do acidente não apenas normaliza a crise, mas também põe em crise a promessa soberana. Não é que o triplo espaço da soberania tenha sido cancelado, mas que se mostra e funciona a partir de suas respectivas crises: Deus não salva, o Estado não protege e o capitalismo não pode mais crescer. Sob a iminência do acidente, apenas a ameaça permanece como condição de poder: sem salvação, sem proteção e sem crescimento, o que temos são cenários de maior ou menor severidade da pena, de maior ou menor dureza da relação entre exclusão e repressão, e de maior ou menor equilíbrio de perdas. No que está por vir, quem perderá menos e quem sofrerá mais?

Ter poder, então, não consiste em poder prometer, mas em poder prever. No tempo do acidente, a previsão, seja de riscos ou acertos, de êxitos ou fracassos, é a chave que organiza o tempo e que, de forma diferenciada, distribui o sistema de oportunidades. Evitar o acidente, ou gerir suas consequências da forma mais benéfica possível, implica ser capaz de prever, com a menor margem de erro possível, o que é incontrolável em si mesmo. É assim que a tomada de decisões políticas, econômicas ou de negócios é organizada atualmente.

A previsão e a promessa são duas maneiras muito diferentes de nos relacionarmos, por meio da palavra, com o futuro. Ambas compartilham o fato de serem declarações que afetam o que ainda não aconteceu: aspiram a orientar e, portanto, a dar forma ao futuro e às suas incertezas. A grande diferença é que a promessa é a declaração de uma vontade, enquanto a previsão é o resultado de algum tipo de cálculo. A promessa, então, é uma intenção que se converte em compromisso, enquanto a previsão é apresentada como uma visão capaz de atravessar e ordenar o aparente caos dos acontecimentos. No caso da promessa, o passado se torna uma memória compartilhada. Na previsão, é a fonte de conhecimento que deve fornecer as chaves inesgotáveis para entender o que ainda não aconteceu. Assim como a previsão quer ser técnica e certa, a promessa quer ser convincente e irreversível.

A razão preditiva é, talvez, uma das maneiras mais antigas de interpretar a realidade, e está presente em quase todas

Marina Garcés   45

as culturas, a partir de práticas de adivinhação, profecias e rituais que marcam os ciclos temporais. As potências que hoje se concentram na implantação de algoritmos preditivos se vinculam às técnicas que, desde tempos muito antigos, com vísceras, cascos de tartaruga, drogas ou cânticos, descreviam os padrões e as relações que permitiam ordenar o curso dos acontecimentos. Atualmente, a promessa como vínculo mudou para a previsão como base de toda compreensão e decisão, e isso tem como consequência, segundo a socióloga Elena Esposito em seu livro *Artificial Communication: How Algorithms Produce Social Intelligence* [Comunicação artificial: Como os algoritmos produzem inteligência social], o retorno às práticas divinatórias ancestrais. A tecnologia mais avançada nos leva de volta à cultura mais antiga: a necessidade de dominar a incerteza. Quando não pode ser interpretada, a incerteza se aproxima do caos. O que é irreversível pode ser tanto a ordem quanto a desordem, a lei de ferro do destino ou a impossibilidade de desvendar o significado e a causalidade de qualquer acontecimento: o caos é o acidente permanente. Quando não há orientação, a incerteza é vivenciada como uma sucessão irreversível de eventos descontrolados. A capacidade de previsão da IA é, portanto, a promessa de uma nova ferramenta de domínio. Não se trata de planejar futuros abertos e alternativos, mas de controlar, sem margem de erro, o que vai acontecer. Não estamos apenas retornando às práticas de adivinhação, mas, como afirma Esposito, a um novo determinismo.

Seguindo o fio de um argumento semelhante, o crítico cultural Jorge Luis Marzo investigou a genealogia das imagens das ciências dedicadas ao prognóstico e à previsão, a partir da continuidade entre os oráculos e os dispositivos de previsão algorítmica atuais. Em *Las videntes: Imágenes en la era de la predicción*, Marzo argumenta o seguinte: «A verdade preditiva [é] uma única maneira de descrever o mundo que não deixa opções para muitas alternativas». Nas cosmologias antigas, isso acontecia porque as profecias eram visões excepcionais e antecipadas de uma ordem considerada eterna. Atualmente, isso ocorre porque a previsão como principal atividade e razão de ser da IA se baseia no processamento massivo de dados e na extração de suas possíveis correlações. Os algoritmos preveem sem pretender explicar, contrastar ou contra-argumentar. Eles oferecem padrões que, por si sós, são inquestionáveis, pois são derivados dos dados com os quais foram treinados. Curiosamente, sua missão, orientada para uma verdade futura, produz apenas uma imagem presente do futuro, baseada em dados de um passado constantemente atualizado. Então, as previsões algorítmicas realmente falam do futuro ou são uma projeção do passado? Elena Esposito afirma que elas «manufaturam o presente que antecipam», ou seja, criam a realidade que confirmam, ao mesmo tempo que geram novas formas de cegueira e opacidade.

No tempo do acidente, a promessa perde força vinculativa (quem pode prometer algo quando não sabemos o que vai acontecer?) e a previsão toma seu lugar como a rainha das novas formas de racionalidade. Sua única promessa é oferecer certeza. Sob o império da razão preditiva, o conflito das promessas, que é o conflito da linguagem e do poder, parece ter ficado anulado. O domínio sobre o tempo passa a estar nas mãos de uma racionalidade que fabrica o futuro como um *déjà-vu* a partir de um passado inerte, acumulado, que se explica e se recria por si mesmo. Dos cascos de tartaruga do *I Ching* aos modelos linguísticos das redes neurais artificiais, trata-se de gerar padrões que não compreendemos, mas que funcionam. Sua transparência, quando essas técnicas nos comunicam seus resultados, acalma nossa ansiedade e nos permite delegar a decisão. Entregar-nos às mãos dos deuses ou do algoritmo, ética e politicamente, não é tão diferente. Mas, quando um general declara guerra depois de ter ouvido o oráculo, quem declarou guerra, ele ou o oráculo? Em um salto no tempo, quando uma seguradora decide não cobrir um cliente porque um algoritmo diz que ele tem um alto potencial para desenvolver uma determinada doença, quem o deixou fora da cobertura, o algoritmo ou a política da seguradora? Não há decisões que não impliquem vínculos e, portanto, não há ação humana que não ocorra no terreno claro-escuro dos compromissos e das traições.

Compromisso e traição

As promessas traídas são o sangue da história. O sangue que a alimenta e o sangue que derrama. As traições foram a força motriz por trás de tragédias, epopeias, episódios de guerra e das grandes histórias de amor. O dramaturgo Wajdi Mouawad fez delas o fio condutor de sua obra, especialmente na tetralogia *O sangue das promessas*. Em suas palavras, a promessa «é um pacto vivo, animado, e não um objeto ou um pensamento». É por isso que, por estarem vivas, as promessas podem ser assassinadas ou estranguladas. Uma vez esquecidas ou silenciadas, elas podem até nos levar por caminhos que desconhecemos. São um inconsciente coletivo que trabalha em nós como uma força obscura e que pode se voltar a nosso favor quando nos atrevemos a descobri-las, fazê-las falar e cumpri-las.

Todos os personagens da série dramática de Mouawad são movidos por promessas que fizeram ou herdaram, por algumas que foram cumpridas e por outras que não conseguem cumprir ou que foram traídas. «Eu nunca vou te abandonar», «Aconteça o que acontecer, não vou enterrar meu pai em qualquer lugar» ou «Aconteça o que acontecer, sempre vou te amar» são as promessas que funcionam como a força motriz por trás das histórias *Florestas*, *Litoral* e *Incêndios*, respectivamente. Em todas as três, expressa-se um vínculo fundamental, por meio do cuidado, da morte e do amor. As três terão de enfrentar os obstáculos de uma sociedade que não apenas nega, mas destrói qualquer forma de vínculo. Viver juntos é tornar impossível viver juntos, e é por isso que os jovens da quarta peça, *Céus*, se rebelarão contra as promessas obsoletas de seus pais.

Até onde podemos assumir os compromissos que unem a vida de pais e filhos, de irmãos e irmãs, de povos e sociedades? O sangue não garante nada. Seu filho pode ser seu carrasco, como acontece em *Incêndios*. O sangue faz sangue se não for neutralizado pela força de outra possibilidade do vínculo. A mãe presa e estuprada por seu próprio filho não pode amá-lo como havia prometido fazer, acontecesse o que acontecesse. Ou, pelo menos, não espontaneamente pelo simples fato de ser mãe. Terá de fazer algo mais e implicar nisso as pessoas que fazem parte desse crime, que começou antes delas e que, se não o interromperem, transmitirão aos seus filhos. O sangue faz sangue. A promessa nos vincula, assim, a um passado comum, mas também pode ser o argumento, o motor, a partir do qual intervir para mudar o curso das suas consequências. A irreversibilidade da promessa (uma vez feita, não pode ser desfeita) se levanta contra a irreversibilidade da tragédia. No fim, Nawal, a mãe estuprada pelo próprio filho, receberá a lápide sob a qual descansar, porque desde o último suspiro de sua vida destroçada ela é capaz de mobilizar a força de convencimento de um amigo e de seus filhos, mesmo contra sua vontade. Isso os obriga a tomar uma complicada ação de compromisso com os silêncios de sua história para desfazer os nós que os impossibilitavam de viver.

A promessa é uma obrigação livre, ou uma obrigação que nos torna livres. Esse é o sentido de compromisso, que significa literalmente «prometer com» ou «prometer juntos». Se prometer é se pôr diante de si mesmo, ou seja, expor-se, o verbo *comprometer* insiste que isso só é possível como um vínculo que nos liga a outros destinos. Qualquer compromisso é uma ligação, assim como toda promessa reforça o vínculo porque o sustenta ao longo do tempo. É nosso passado comum, porque nos projeta para um futuro no qual fazemos algo juntos. Em uma sociedade como a nossa, dominada por uma ideia clientelista de liberdade, essa relação intrínseca entre liberdade e obrigação se torna insuportável. No máximo, assume a forma de uma «carta de direitos e deveres», que é o documento que inclui os intercâmbios possíveis que regulam as relações fracas, ou seja, as relações baseadas no cálculo de considerações. Em uma sociedade clientelista, o vínculo entre liberdade e obrigação não vai além de uma folha de reclamações que sabemos que, como as falsas promessas, ninguém responderá.

Se o ex-agente suíço do romance de Dürrenmatt tivesse calculado os danos que sua promessa inesperada causaria aos pais da menina assassinada, ele não a teria feito ou teria se considerado no direito de repensá-la algum tempo depois e considerá-la desproporcional. «Não compensa», costumamos dizer sobre muitas coisas que vivemos: relacionamentos, afetos, projetos, empregos, lutas etc., e como um desencargo de todas as obrigações que acarretam. O desencargo não é uma traição. É o resultado de um cálculo de lucros e perdas, de esforço e resultados. Se não compensar, é legítimo deixar para lá. A economia da promessa, por outro lado, não é calculável, é um jogo de tudo ou nada. Cada compromisso e cada traição renova ou destrói o vínculo que implicavam. Curiosamente, Montaigne situa a traição entre os «vícios ordinários», junto com a deslealdade, a tirania e a crueldade. A filósofa Judith Shklar cita essa referência no livro de mesmo título, *Los vicios ordinarios*, e diz que são aqueles comportamentos que todos nós tomamos como garantidos, que não há nada espetacular ou incomum neles. A traição é esperada e cotidiana, então. É interessante recuperar essa dimensão cotidiana da traição, já que essa palavra, por si só, parece nos arrastar para um cenário extraordinário de grandes intrigas amorosas, políticas ou religiosas. Se temos tanto medo dela, é porque a traição é a possibilidade real de que o que somos com os outros e para os outros, para aqueles que mais importam para nós, seja destruído por eles mesmos. Traição e tradição vêm da mesma raiz. São ações de transmitir, de transferir algo. Enquanto a tradição alimenta o tempo comum, seja de maneira livre ou autoritária, a traição consiste em dar o que somos a outro, a outro amante, a outro lado, a outra ideologia ou a outra religião. É pôr em perigo o que nos permitiria seguir sendo o que somos. Pode até haver autotraição, o que implica a destruição íntima do próprio ser.

As crianças, quando brincam, têm um forte senso de compromisso e traição. Elas fazem promessas nas quais apostam tudo e aprendem a ser amigas sentindo a dor da traição de seus companheiros. As primeiras traições, no pátio da escola ou na cidadezinha de férias, são a base do que poderemos esperar de nossos laços quando formos adultos. Quem nunca se sentiu traído talvez nunca tenha se sentido comprometido. O filósofo Avishai Margalit fez uma longa pesquisa sobre a traição como tecido básico da existência humana. Em uma de suas obras, ele passa por todas as suas vertentes (adultério, apostasia, deserção, desclassificação, espionagem...) para mostrar que o que torna a traição tão temida não é o mal causado por determinada ação, mas o fato de romper um relacionamento que considerávamos forte ou essencial. «Trair é dissolver o que torna as relações humanas densas» (*De la traïció* [Sobre a traição]). As relações que compõem quem somos e não apenas o que recebemos dos outros são densas. Isso não implica que sejam substanciais, essenciais ou eternas. Fazem-se e se desfazem com o tempo, com a história, com o passar da vida. Essas mutações podem ocorrer de forma natural, por meio do esquecimento, da morte, da desmemória, da mudança de valores ou aprendizados. Mas também fazem parte do que criamos e destruímos, do que nos cria e nos destrói. Se Nietzsche se perguntava: a quem é lícito fazer promessas?, também teríamos de nos perguntar: que lealdades merecem ser mantidas? Que traições são necessárias?

A pergunta sobre os começos

As traições minam o significado de um relacionamento, afetam o que Margalit chama de «uma comunidade de recordações». As promessas são uma parte ativa da criação desse tipo de comunidades. Não apenas desempenham um papel importante na imaginação de futuros vinculantes, mas também tecem as histórias que nos trouxeram até aqui. É por isso que, nos dramas de Mouawad, a promessa não apenas impulsiona a ação dos personagens, mas também nos permite descobrir de que passados silenciados são o resultado. Somos filhos das promessas que não fizemos, dizíamos no início deste ensaio. E isso é verdade tanto no que diz respeito à biografia concreta de nossas vidas quanto no que diz respeito à história como portadora de significado coletivo.

Existem duas maneiras de se relacionar com os começos: procurar a origem ou encontrar os começos. Buscar a origem é o que conhecemos como a pergunta pelo fundamento, pela essência, pelo primeiro princípio, pelo ser autêntico ou pelo primeiro dia de uma história. É a pergunta metafísica, mas também sua tradução na física, na história, na antropologia, na psicologia. Pressupomos que tudo que vemos, em sua diversidade, em seu caos e em seus acidentes, tem uma razão última ou uma procedência que pode ordenar seu sentido e dar um nome à sua identidade. Essa maneira fundamental de se relacionar com a ideia de início é o que a promessa soberana faz: pôr a palavra que promete como primeiro princípio do tempo comum. Transforma a promessa em um fundamento e uma identidade. Somos aqueles a quem Deus salvará, somos o povo a quem o soberano deve segurança e proteção, ou somos aqueles que são chamados a trabalhar incessantemente sob o horizonte de uma promessa ilimitada de riqueza e prosperidade. Nos três casos, a promessa funciona como fundamento e razão última que organiza o tempo e o sentido de nossas vidas pessoais e coletivas.

A outra maneira de se relacionar com os inícios é encontrar os começos. As coisas começam de várias maneiras, e muitas vezes de uma só vez e de maneiras discordantes. Onde começa uma história de amor? Quando e como começamos a nos interessar por determinados tópicos? Quais causas e quais azares convergem na construção de uma coletividade? Onde as civilizações começam e terminam? E, entre outras espécies, onde começa a vida humana e de quantas maneiras ela é possível? Essa outra maneira de nos perguntarmos sobre os inícios nos situa em um jogo aberto de condições e acasos, de relações causais e acidentais. É o terreno das emergências, onde cada figura que surge tem alguns aspectos visíveis e muitos invisíveis, de continuidades e interrupções. As promessas também fazem parte delas. As promessas são uma ação da palavra que, como vimos, enlaça temporalidades (passados comuns e futuros vinculantes), mas que também tem a capacidade de interromper e iniciar temporalidades novas. Parece que a promessa está dominada pelo sentido da finalidade, mas o que ela faz, de forma muito mais irreversível, é compartilhar começos. Uma promessa sincera inclui a possibilidade de não poder ser cumprida por causa dos múltiplos azares que afetam a vida concreta ao longo do tempo, seus limites e suas impotências. Mas o que nunca deixa de ser verdade é que foi feita, e que essa declaração marca um ponto de partida onde se cria um vínculo e se estabelece um compromisso. Se olharmos assim, aquele que é rico em promessas, retomando a expressão de Ovídio, é rico em começos, embora ele não quisesse dizer exatamente isso. Talvez não tenhamos chegado aonde queríamos, mas tínhamos um ponto de partida. Ou muitos. Apenas a tirania da incerteza, o tempo que converte o acidente em destino, pode arrasar sua potência e sua memória.

O ex-agente suíço, interrompendo a resignação da violência; a náufraga de Silvina Ocampo, nadando contra o mar e contra a desmemória; dom Quixote, desfazendo as obviedades da servidão; a empregada negra, reivindicando o direito de herdar a casa ao longo de gerações de esquecimento deliberado; Nawal de Mouawad e o resto de seus personagens, que passam pela destruição e pela guerra refazendo o caminho das promessas que os precederam...; todos eles, e tantos outros, inventados, lembrados ou anônimos, fazem de suas promessas uma contramemória e um contratempo. Se há duas maneiras de se relacionar com os inícios, é porque também há maneiras contrapostas de entender o poder da palavra e sua capacidade de criar novos começos: a palavra que funda o tempo para sempre ou a palavra que desvia a irreversibilidade dos acidentes e cria outras histórias possíveis.

«É delirando que se nasce. A vida [...] abre caminho no delírio. Somente da vida humana pode-se dizer que todo começo se dá no delírio», escreveu María Zambrano em «Delírio, esperança e razão». Para ela, o delírio não é a antítese da razão, mas seu pano de fundo, do qual nunca está completamente separado porque o alimenta. A promessa soberana é um delírio que conjura o delírio, pretendendo se erigir em razão última. Desmascarar sua violência e suas pretensões é mostrar que o delírio está sempre presente, precisamente porque não há essência ou inteligência, nem no início nem no fim, que possa unificar todas as visões sob um único princípio. «No princípio era o delírio», insiste Zambrano em *O homem e o divino*, e se trata de «converter o delírio em razão sem aboli-lo». No delírio há um anseio, um sair dos limites ou do rumo, recuperando a etimologia, e, como diz a filósofa, sair assim dos limites do que existe é a única maneira de se apropriar do presente em relação ao passado e ao futuro.

O delírio não é apenas uma fantasia ou ilusão. Segundo Zambrano, é um efeito da desproporção, no ser humano, entre os limites e o ilimitado. É uma verdade que impugna o que, entre o medo e a arrogância, chamamos de «realidade». Aqueles que nunca deliraram são vítimas da literalidade, da tirania da ortodoxia, da evidência e da obviedade. A atividade generativa da IA, por exemplo, pode criar os *fakes* mais sofisticados. Tem um grande poder de enganar, mas não pode delirar. Manipula e intervém em nossas opiniões, sentimentos e visões de mundo, mas não pode ir além dos dados à sua disposição, mesmo que seja para fazer um falso uso deles. Distorce uma realidade que não pode superar. A imaginação, por outro lado, parte da capacidade que temos de nos relacionar com o que não existe, com o que não é mais ou com o que ainda não foi, e pode convertê--lo em um motivo para o sentido e para a verdade. O delírio é um momento da imaginação, enquanto a promessa é uma de suas expressões mais generosas e também mais poderosas. Remo Bodei, em *As lógicas do delírio*, afirma que a verdade não consiste em encontrar todas as peças do quebra-cabeça, ou todas as pedras de um edifício em ruínas, mas em saber parar no momento certo. O delírio atinge o nível da patologia quando não encontra uma maneira de parar e tudo deve acabar tendo um sentido, um único sentido, desde a origem que explica tudo até a figura que contém tudo. Desse modo, poderíamos dizer que a promessa soberana e a promessa ilimitada, com sua aspiração de fundar uma única ordem e um único tempo, são expressões de um delírio patológico que ainda hoje nos adoece.

Humilhação e emancipação

O descontentamento é, hoje, uma paixão global. Assume formas depressivas e formas raivosas, apáticas e hiperativas. A perda da esperança de um futuro melhor se tornou universal, mas nem o futuro nem as esperanças que foram destruídos são iguais para todos. O sentimento de ser vítima de um golpe é compartilhado por jovens do Norte global e pelas populações do Sul mais pobre, os pequenos poupadores da classe trabalhadora ocidental que veem depósitos bancários e pensões derreterem, e os migrantes que viajam pelo inferno para chegar a países onde não há futuro nem para si nem para seus filhos.

Esses componentes emocionais, relacionados com a frustração das expectativas de um futuro melhor, parecem estar na origem de boa parte dos fenômenos políticos e sociais mais preocupantes do nosso presente, com políticas e lideranças autoritárias, atitudes discriminatórias, o aumento da violência cotidiana, no espaço público e privado, ou o aumento das patologias mentais. O voto na extrema direita, os protestos dos aposentados e as revoltas nas *banlieues* francesas; o racismo e o machismo nas escolas; a tristeza dos adolescentes e seus vícios, lesões e transtornos; o terrorismo global; a violência doméstica ou as perseguições e linchamentos na internet, entre outras coisas, seriam expressões do mesmo mal-estar. Todos seriam sintomas da humilhação que as promessas quebradas de uma vida melhor, mais feliz e mais justa causaram.

No entanto, a promessa de progresso não traçou um único caminho ou um único horizonte de progresso, mas um campo de conflitos em torno de diferentes imaginários do futuro e dos caminhos e forças necessários para alcançá-los. Esses conflitos tiveram vítimas, exclusões e decepções ao longo de todo o seu percurso. A história do futuro e de suas promessas é também, desde o primeiro dia, a história de suas vítimas e frustrações.

A promessa de uma vida melhor, em termos materiais, políticos e pessoais, foi a força motriz por trás do que chamamos de «modernização do mundo». Hoje parece ser o berço de muitos de seus pesadelos. A civilização moderna funcionou a partir do paradoxo de que a maior violência (colonizadora, produtivista, bélica, epistemológica) também se alimenta dos desejos e de projetos coletivos que situam o horizonte da salvação na emancipação social e na felicidade aqui na terra para cada um de seus habitantes, qualquer que seja sua condição de partida. A promessa cai na história e seus imaginários entram em disputa. Eles se convertem em conflito, guerra e crise permanente. Também em invenção, aprendizado, arte e revolução. A promessa se multiplica e diversifica suas faces almejadas, desde a luta por uma sociedade justa até a proustiana *promesse de bonheur*, que emerge da relação direta com a beleza e o prazer como indícios de uma vida boa, embora nunca plenamente satisfeita.

Hoje essa promessa se manifesta, na vida de cada um de nós, sujeita à pressão de um futuro ameaçador, como uma fraude ou uma derrota. As promessas não cumpridas, quando percebidas como trapaça ou irreversivelmente perdidas, geram melancolia e ressentimento. A melancolia nos acorrenta ao que poderia ter sido; o ressentimento, à animosidade e à raiva contra aqueles que impediram que seja. As sociedades do mundo global se movem, hoje, entre esses dois estados anímicos. São as patologias da promessa não cumprida.

O historiador Javier Moscoso, em uma pesquisa bem documentada, mostra que o regime emocional da promessa não cumprida está presente desde o início da modernidade. «Loucos e sãos compartilham o mesmo delírio», escreve ele em *Pro-*

mesas incumplidas: una historia política de las pasiones [Promessas não cumpridas: uma história política das paixões]. É um delírio que deriva da desproporção entre como nos sonhamos e como nos sentimos, entre o que a consciência projeta fora de si mesma e o que se encontra em sua realidade mais concreta. Mais uma vez, como dizia Zambrano, nos encontramos com o delírio como uma tensão entre a limitação e o ilimitado, agora situados na materialidade histórica. O mundo e a sociedade não mudam de acordo com as expectativas e aspirações que foram depositadas neles. A realidade resiste à leveza dos anseios, coisa que provoca raiva, sofrimento, desespero e sentimento de traição. «Muitas das aspirações e desejos dessas novas classes médias e trabalhadoras acabaram nas alas de saúde mental.» Moscoso recorre aos diagnósticos dos hospitais do fim do século XVIII e início do século XIX, e mostra como as descrições de muitos dos transtornos da época têm a ver com patologias da promessa: delírios de grandeza, frustração e desesperança, obsessões resultantes da obstinação, um sentimento de alienação ou estranheza em relação ao mundo que está sendo criado... Embora a linguagem que utilizam seja mais narrativa do que técnica, mais poética do que clínica, o que esses diagnósticos descrevem está mais próximo do que parece das ansiedades e inquietações que sofremos hoje.

Com o colapso do Antigo Regime, com sua organização hierárquica e estamental baseada na autoridade de Deus e do soberano, não apenas se imaginou um horizonte de melhorias materiais e formais, mas aconteceu algo muito mais radical e que se encontra na raiz da humilhação moderna e contemporânea. Com a ruptura e o questionamento da promessa soberana e seus pactos, uma questão foi colocada no centro do imaginário político emancipatório: é possível uma promessa entre iguais? Se a promessa soberana era a base de uma aliança e de uma fidelidade a uma soberania transcendente, como seria uma política baseada em uma promessa recíproca e em igualdade de condições? A promessa igualitária, então, não seria que todos seremos iguais (isso pode ser prometido e executado por um ditador, como foi comprovado historicamente), mas que entre iguais podemos criar e fazer parte do tempo comum da promessa. Isso significaria que ser capaz de prometer é precisamente o que nos torna iguais. A emancipação não é uma lista de reclamações (direitos, benefícios ou serviços), uma vez que poderiam ser servidas ao povo de forma paternalista ou clientelista; a emancipação tem como condição poder ser sujeito da própria palavra e de suas consequências, junto com outros. Esse é o sentido radical da emancipação e essa é a razão profunda da humilhação atual e de suas diferentes manifestações. As democracias de hoje não são uma expressão da promessa igualitária, mas seu simulacro e sua traição.

«A promessa entre iguais estabelecia uma forma de acordo que, independentemente da sanção divina ou da vontade de um rei, permitia fomentar o sentimento de pertencimento à comunidade de todos aqueles que, jurando fidelidade por amor e não por interesse, se sentiam iguais em seus direitos e irmanados em suas esperanças», escreve Moscoso. A possibilidade desse acordo como base de uma sociedade de iguais é o anseio que ativa o sentido de uma história defraudada que, enquanto converte suas promessas em mercadoria, semeia poços de frustração. Como os personagens históricos e literários coletados na pesquisa de Moscoso, nós que somos habitantes do presente não apenas nos sentimos insatisfeitos ou angustiados com o futuro, mas também profundamente traídos por nossa própria história. A traição alimenta o cinismo e o desencanto, todas as formas de ressentimento e vingança. Mas o sentimento de traição também pode ser o alimento de uma raiva que não cure a ferida e que nos permita alinhavar, em direção ao passado e ao futuro, a pista silenciada e vergonhosa dessa promessa não cumprida. O medo pode ser paralisante e reacionário, ou o contrário. Também pode ser um grito de alarme e um impulso para a imaginação e a ação diante do perigo e da morte. Da mesma forma, esse sentimento de traição histórica também pode ser o fio de sangue, ainda não cicatrizado, que nos permita encontrar a potência da promessa igualitária onde vemos apenas destruição e rendição.

Um futuro presente

O futuro não existe. É um efeito da imaginação, o reflexo de todas as luzes e sombras projetadas por nossos presentes, seus limites, seus desejos e convicções. Se o futuro é sombrio, é porque o presente é opaco, escrevi em *Escola de aprendizes* (2020). Ali eu convidava a pensar sobre o que significa, hoje, aprender a ler, ou seja, interpretar com sentido as chaves de nosso presente para poder intervir nele. Interpretar não significa apenas analisar. A promessa pode ser uma forma de interpretação das possibilidades de uma situação ou de uma época. Quem faz uma promessa está interpretando, de alguma forma, sua posição no mundo e está se atrevendo a tomá-la dando um passo à frente. Como vimos, a promessa não é um discurso, mas uma ação da palavra, aparentemente muito simples, que desperta silêncios e redefine os limites do que é possível, com a força de uma verdade contra a realidade. Ela não o faz de fora do mundo, nem da utopia, nem da abstração. Pelo contrário, a promessa é sempre concreta e nos situa na encruzilhada de quatro relações: a relação consigo mesmo e com os outros, a relação com o poder, a relação com o tempo e a relação com o possível.

Relação consigo mesmo e com os demais: as promessas são feitas na primeira pessoa, no singular ou no plural, e são sempre dirigidas a alguém. Esse alguém pode ser concreto e conhecido, ou pode ser genérico, inclusive abstrato ou fictício (a humanidade, os habitantes do futuro etc.). A diferença entre «eu prometo que...» ou «eu me proponho ou tenho a intenção de...» é que a primeira fórmula constrói um vínculo e a segunda, não necessariamente. Se a promessa for quebrada ou era falsa, o vínculo será questionado até o extremo da traição. A vida social se sustenta em muitos tipos de vínculos e compromissos: muitos são leves e se baseiam na necessidade de estabelecer relações de convivência, trabalho, vida familiar, atividades sociais e econômicas etc. Todas essas relações envolvem condições, contratos, até mesmo laços de confiança e afeto mais ou menos estáveis. Poderíamos viver sem nunca prometer nada. Na verdade, atualmente tendemos a fazê-lo e a apagar as promessas que nos moldaram em algum momento do passado. Se podemos chegar a acordos, colaborar, intercambiar, contratar, subcontratar, fazer projetos e ter propósitos, por que deveríamos prometer algo a alguém? Esta é uma das razões do delírio da promessa: na realidade, prometemos sem precisar. Como Deus, que podendo fazer qualquer coisa prefere prometer. A promessa não deriva estritamente de nenhuma necessidade. É um excesso da palavra que reforça o vínculo porque o torna irreversível. Marca o tempo e inscreve nele uma relação carregada de sentido. O que acontecerá a seguir não sabemos, a promessa não nega nem domina a incerteza. Mas, «aconteça o que acontecer», como dizem os personagens de Mouawad, terá a ver com a forma como nos encarregamos, ou não, desse vínculo que a promessa criou e, claro, de quem a fez.

Relação com o poder: a promessa não só tem poder, mas foi, historicamente, a palavra do poder. Vimos as várias figuras da promessa soberana e sua evolução atual sob as figuras da promessa ilimitada do tecnocapitalismo. Da palavra de Deus ao algoritmo preditivo, o sentido da promessa foi mudando, mas sempre se deu autoridade para estabelecer as condições de determinar os parâmetros do tempo comum, suas expectativas e suas condições. No entanto, hoje, vivemos na contradição entre o tempo do acidente e o tempo da promessa, entre a aspiração de prever tudo e a impossibilidade de prometer qualquer coisa. O poder se tornou paradoxal porque governa uma incerteza que pretende ser normal, uma crise que se torna permanente e um futuro entendido como catástrofe. Nesse contexto de condição póstuma e de guerra contra a historicidade, apontar a necessidade de disputar o espaço do poder da promessa não é uma ingenuidade adolescente nem uma forma de escapismo moralmente complacente. Não há refúgio (nem epitáfio) para aqueles que dão o passo à frente da promessa. Trata-se de retomar o que ainda não foi respondido e que certamente nunca será completamente respondido, o que as ironias quixotescas, as suspeitas nietzschianas e os personagens de tantas histórias que ressoam hoje em nossas vidas anônimas impuseram como um desafio: é possível uma promessa entre iguais? O que acontece quando a palavra que promete é pronunciada entre aqueles que não são deuses, nem senhores, nem ricos, nem soberanos? Dizíamos que esse é o significado radical da emancipação. Se os escravos estavam excluídos da promessa, hoje quase todos nós estamos, sob formas de escravidão que a sociedade da liberdade fake não nos permite ver. Se tomar o poder era tomar a palavra, é também tomar a promessa: recordar aquelas que não foram cumpridas, escutar as que foram silenciadas e fazer as que não nos atrevemos a fazer.

Relação com o tempo: a promessa é a palavra no tempo. O tempo faz parte de seu enunciado e de seu seguimento. Quando alguém faz uma promessa, tem de situá-la em algum calendário: pode ser contínua (sempre, todos os dias, a cada segundo, até o fim dos meus dias...), pode ser periódica (uma vez por ano, todo dia 31 de dezembro, a cada dez anos...) ou pode ser única (tal dia, tal ano ou em um momento determinado). Ao prometer, tornamo-nos artesãos do tempo: damos-lhe forma, ritmo e concordância. O desejo toma a forma de compromisso e entra na vivência dos azares e de sua difícil conjugação com as convicções. No momento de ser feita, a promessa

64   O tempo da promessa

carrega o presente de futuro. É um futuro presente. Tão presente que pode ser assustador. Na promessa não há apenas delírio, mas atrevimento, uma modalidade da presença que transborda os limites da atualidade e dos relatos conhecidos da história. As promessas não se refugiam no impessoal da previsão. Não evocam incertezas, mas as desafiam, como escreveu Hannah Arendt. As promessas que não fizemos não são simples desejos para o futuro ou projetos mais ou menos negociáveis. São nossos primórdios, onde começam as histórias de amor, os rituais de amizade, o sentido das lutas, os silêncios das famílias. As promessas são o ponto cego das histórias coletivas.

Relação com o possível: pode haver promessas delirantes, mas não promessas impossíveis. Podem parecer assim para nós, ou a passagem do tempo e a adversidade podem transformá-las. Mas uma promessa sempre estabelece algum tipo de pacto baseado na convicção e no desejo de que algo seja possível. É por isso que a promessa não é apenas uma declaração de intenções, uma coleção de belas fantasias, mas uma interpretação da situação. É conhecimento e vontade reunidos em uma única declaração. Dar a palavra a alguém é uma forma de interpretar o que é possível sustentar por parte desse vínculo. A promessa pode ser adequada ao tempo e à sociedade em que é feita, ou totalmente contrária. Pode ser banal ou surpreendente, fácil ou cotidiana ou difícil e excepcional. Não há hierarquias entre as promessas: a promessa mais humilde irrompe como uma ação da palavra que se vincula ao tempo, por viver de maneira irreversível e com a mesma carga de verdade. A verdade da promessa é muito singular: ela não parte do reconhecimento da realidade (do que é certo ou verídico), mas da invenção de um possível que inclusive poderia não estar previsto. Não se submete ao imperativo da previsão, porque não prevê futuros prováveis, prefigura futuros desejados.

Marina Garcés   65

Jovens promessas

Andrea, você que me ajudou a ser um bom aluno, que confiou em mim quando todos acreditavam que eu era um menino travesso e menos inteligente que os demais, prometo que sempre me esforçarei para realizar meus objetivos e sonhos de vida, e que tentarei encontrar a melhor versão de mim mesmo, tanto pessoal quanto socialmente.

Mãe, eu prometo a você que todo dia 31 de dezembro entre agora e o dia em que eu morrer terei feito algo durante o ano para deixá-la orgulhosa de mim. Prometo a você que durante o ano terei feito algo para melhorar mentalmente, e prometo que um desses anos ganharei um Oscar ou farei um filme importante e sei que você ficará orgulhosa. Prometo-lhe que um dia realizarei meu sonho e será graças a você. Eu te amo.

Prometo à minha família que todo dia 29 de junho, a cada dois anos, renovaremos a carta para nosso eu do futuro. Eu te prometo isso porque você é uma pessoa importante para mim e porque sinto sua falta desde que você foi morar em outro país. Até mais.

Amigos, prometo a vocês que em dez anos realizarei todos os meus sonhos e objetivos. Vocês simbolizam para mim a capacidade, a coragem, o poder da amizade e da felicidade. É por isso que não vou parar até cumprir essa promessa, porque vocês me dão motivação todos os dias.

Prometo à minha mãe e ao meu pai que sempre serei uma pessoa melhor, serei mais responsável e mais organizado.

Prometo aos meus pais que continuarei estudando e que em

quinze anos trabalharei com todo o conhecimento que eles me deram e com os quais me criaram.

Minha promessa ao meu amigo Roberto: estarei de volta em três anos e passaremos o tempo juntos como antes. Roberto é meu melhor amigo. Estivemos juntos e crescemos juntos na França por seis anos. Ele foi um dos meus primeiros amigos e é por isso que ele é importante para mim. Vou vê-lo novamente daqui a três anos porque terei dezoito anos e mais ou menos terei uma ideia do que estou fazendo.

Sabi, eu te prometo que nos próximos vinte anos vencerei na vida e recuperarei a honra e o poder de nossa família, e, se eu não conseguir, terei tentado e você será uma testemunha disso.

Meus pais me encorajaram a ter uma profissão pela qual sou apaixonado. Minha promessa é ser um bom designer de efeitos gráficos. Prometo que quando tiver cerca de 25 anos terei cumprido minha promessa.

Prometo aos meus pais que depois de terminar meus estudos serei uma pessoa útil, que quer fazer algo com sua vida.

Prometo à minha mãe que daqui a dez anos estarei trabalhando como psicólogo, ajudando pessoas que estão passando por um momento difícil na vida.

Prometo à minha mãe que dentro de quinze anos terei criado um espaço para os sem-teto irem dormir e comer.

Prometo à minha mãe que de agora até sair de casa vou reduzir os resíduos, descartá-los corretamente e reciclar mais.

Prometo à minha família que ao longo de toda a vida lhes darei apoio financeiro e emocional e que nunca os abandonarei.

Prometo à minha mãe que por toda a minha vida direi às pessoas que amo que as amo.

Prometo que meus amigos e eu vamos dar palestras sobre pobreza, igualdade, direitos etc., para aumentar a conscientização e ajudar a sociedade e a nós a sermos pessoas melhores.

Prometo que meus amigos e eu vamos criar locais de trabalho para pessoas que estão lutando para entrar no mercado de trabalho.

Prometo às minhas duas irmãzinhas que quando forem adolescentes estarei presente e preparada para ser um exemplo, mostrar-lhes o equilíbrio para lutar por si mesmas e deixar passar quando esse pensamento não for suficiente e nos dominar.

Prometo às próximas gerações que, quando for adulta, com meus textos lhes ensinarei o saber e o poder de saber ficar sozinhos.

Prometo aos meus irmãos que sempre os farei sentir que não estão sozinhos. Eles serão capazes de me dizer e me perguntar qualquer coisa, confiando em mim.

Prometo que o futuro será um mundo onde não haverá preconceito e seremos todos iguais. Prometo à próxima geração explicar e deixá-los saber como é a vida em outras partes do mundo, que não são inferiores ou piores. Posso começar a fazer isso hoje mesmo com meu irmão mais novo.

Barcelona, 21 de setembro de 2022. Estas promessas foram feitas por meninos e meninas do quarto ano do ESO do Institut Miquel Tarradell e do Institut Maragall em Barcelona, e foram escutadas na praça Joan Coromines durante a inauguração da Bienal do Pensamento. Agradeço o trabalho das professoras Glòria Mèlich e Núria Conejero, bem como a mediação de Susana Arias como responsável pela atividade no CCCB.

Referências

AGAMBEN, G., *El sacramento del lenguaje: arqueología del juramento*. Valencia: Pre-Textos, 2011. [Ed. bras.: O sacramento da linguagem: arqueologia do juramento. Trad. Selvino José Assmann. Belo Horizonte: Ed. UFMG, 2011.]

ARENDT, H., *La condición humana*. Barcelona: Seix Barral, 1974. [Ed. bras.: A condição humana. Trad. Roberto Raposo. 12a ed. rev. Rio de Janeiro: Forense Universitária, 2014.]

BÉCQUER, G. A., «La promesa», *Leyendas*. Madri: Cátedra, 2005.

BODEI, R., *Las lógicas del delirio: razón, afectos, locura*. Madri: Cátedra, 2002. [Ed. bras.: As lógicas do delírio: razão, afeto, loucura. Trad. Letizia Zini Antunes. Bauru, SPP: EdUSC, 2003.]

BOLTANSKI, L.; CHIAPELLO, È. *El nuevo espíritu del capitalismo*. Madri: Akal, 2002. [Ed. bras.: O novo espírito do capitalismo. Trad. Ivone C. Benedetti. 2a ed. São Paulo: WMF Martins Fontes, 2020.]

CERVANTES, M. de, *Don Quijote de la Mancha*. Madri: Edaf, 2005. [Ed. bras.: O engenhoso fidalgo D. Quixote de la Mancha. Trad. Sérgio Molina. São Paulo: Ed. 34, 2010, 2 v.]

DÜRRENMATT, F., *La promesa*. Barcelona: Navona, 2008. [Ed. bras.: A promessa, seguido de A pane. Trad. Petê Rissatti e Marcelo Rondinelli. São Paulo: Estação Liberdade, 2019.]

ESPOSITO, E., *Artificial Communication: How Algorithms Produce Social Intelligence*. Cambridge: MIT Press, 2022.

FREUD, S. *El malestar en la cultura*. Madri: Alianza, 1985. [Ed. bras.: O mal-estar na cultura. Trad. Renato Zwick. Porto Alegre: L&PM, 2010.]

GALGUT, D., *La promesa*. Barcelona: Libros del Asteroide, 2022. [Ed. port.: A promessa. Trad. José Mário Silva. Lisboa: Relógio D'Água, 2021.]

GARCÉS, M., *Nueva ilustración radical*. Barcelona: Anagrama, 2017. [Ed. bras.: Novo esclarecimento radical. Trad. Vinícius Nicastro Honesko. Belo Horizonte-Veneza: Âyiné, 2019.]

_____. *Escuela de aprendices*. Barcelona: Galaxia Gutenberg, 2020. [Ed. bras.: Escola de aprendizes. Trad. Tamara Sender. Belo Horizonte: Âyiné, 2023.]

GRAEBER, D.; WENGROW, D. *El amanecer de todo: una nueva historia de la humanidad*. Barcelona: Ariel, 2022. [Ed. bras.: O despertar de tudo: uma nova história da humanidade. Trad. Denise Bottmann e Claudio Marcondes. São Paulo: COmpanhia das Letras, 2022.]

MALABOU, C., *Ontología del accidente: ensayo sobre la plasticidad destructiva*. Santiago de Chile: Pólvora, 2018.

MARGALIT, A., *Sobre la traición*. Madri: Avarigani, 2018.

MARZO, J. L., *Las videntes: imágenes en la era de la predicción*. Barcelona: Arcadia, 2021.

MOSCOSO, J., *Promesas incumplidas: una historia política de las pasiones*. Barcelona: Taurus, 2017.

MOUAWAD, W., *Litoral*. Oviedo: KRK, 2010. [Ed. port.: O sangue das promessas: Céus, Florestas, Litoral e Incêndios. Trad. Manuela Torres. Lisboa: Cotovia, 2013.]

_____. *Incendios.* Oviedo: KRK, 2011. [Ed. bras.: Incêndios. Trad. Angela Leite Lopes. Rio de Janeiro: Cobogó, 2013.]

_____. *Bosques.* Oviedo: KRK, 2012. [Ed. port.: O sangue das promessas: Céus, Florestas, Litoral e Incêndios. Trad. Manuela Torres. Lisboa: Cotovia, 2013.]

_____. *Cielos.* Oviedo: KRK, 2013. [Ed. port.: O sangue das promessas: Céus, Florestas, Litoral e Incêndios. Trad. Manuela Torres. Lisboa: Cotovia, 2013.]

NIETZSCHE, F., *La genealogía de la moral.* Madri: Alianza, 2006. [Ed. bras.: A genealogia da moral. Trad. Mário Ferreira dos Santos. Petrópolis, RJ: Vozes, 2017.]

NOWOTNY, H., *La fe en la inteligencia artificial: los algoritmos predictivos y el futuro de la humanidad.* Barcelona: Galaxia Gutenberg, 2022.

OCAMPO, S., *La promesa.* Barcelona: Lumen, 2011. [Ed. port.: A promessa. Trad. Helena Pitta. Lisboa: Antígona, 2023.]

OVÍDIO, *Arte de amar.* Madri: Hiperión, 2002. [Ed. bras.: Amores & Arte de amar. Trad. Carlos Ascenso André. São Paulo: Companhia das Letras, 2011.]

RICOEUR, P., *Sí mismo como otro.* Madri: Siglo XXI, 1998. [Ed. bras.: O si-mesmo como outro. Trad. Ivone C. Benedetti. São Paulo: WMF Martins Fontes, 2014.]

SHKLAR, J., *Los vicios ordinarios.* Barcelona: Página Indómita, 2022.

ZAMBRANO, M., *El hombre y lo divino.* Madri: Siruela, 1992. [Ed. port.: O homem e o divino. Trad. Cristina Rodriguez e Artur Guerra. Lisboa: Relógio D'Água, 1995.]

POUR PARLER

1 Marina Garcés
O tempo da promessa
2 Giorgio Agamben
Coisas que vi, ouvi, aprendi...

Dados Internacionais de Catalogação
na Publicação (CIP)
CBL, SP, Brasil

Garcés, Marina
   O tempo da promessa / Marina
   Garcés ; tradução Silvia Massimini
   Felix. -- Belo Horizonte, MG : Editora
   Âyiné, 2025.
Título original : El tiempo de la promesa.
Isbn 978-65-5998-170-0
   1. Ensaios
   2. Filosofia
   3. Futuro - Perspectivas
   4. Política
   5. Promessas
   6. Sociedade
   I. Título
24-243360
CDD-300

Índices para catálogo sistemático:
   1. Ensaios : Cultura, política e
   sociedade : Ciências sociais 300
Aline Graziele Benitez
   Bibliotecária CRB-1/3129